# ¡Cultiva una planta de frijol!

## por Jennifer Duffy

PHOTOGRAPHY CREDITS: Cover © CORBIS. 1 Johnny Lye/Shutterstock. 2 Mark Baynes/Alamy. 3 © Michael Thompson/Animals Animals-Earth Scenes. 4 David Burton/Alamy. 5 Ricky John Molloy/Getty Images. 6 Tony Anderson/Getty Images. 7 © Corbis. 8 © Richard Hutchings/PhotoEdit. 9 © Corbis. 10 © image100/SuperStock. Global Background Johnny Lye/Shutterstock.

Printed in Mexico

ISBN: 978-0-544-17193-0

1 2 3 4 5 6 7 8 9 10  0908  22 21 20 19 18 17 16 15 14 13

4500430011          A B C D E F G

Estas semillas se ven tan pequeñas como un grano de arena.
¡Pero cada una puede convertirse en una planta grande!
Puedes sembrar estas pequeñas semillas y verlas crecer.

Primero, consigue un poco de tierra.

Después, haz unos agujeros en
la tierra.

Haz cada uno de una pulgada
de profundidad.

Pon cada semilla en un agujero y
cúbrela con tierra.

Estos niños humedecen las semillas
para que broten. ¡Haz lo mismo!
El agua también suavizará
la cubierta.

Las semillas también necesitan luz.
Asegúrate de que las semillas estén
en un lugar donde haga calor.

Cuida muy bien de tus semillas.
Estar mucho al sol o recibir mucha
agua puede dañarlas.
Pero no dejes secar mucho la tierra.
Dar a tus semillas la cantidad
correcta de sol y agua es
mucho trabajo.

¿Qué está pasando debajo de la tierra?

Mira la raíz.

Las raíces absorben el agua y los minerales de la tierra como alimento.

¡Mira cómo crece el brote!

Una vez que brotan, las plantas de frijol crecen muy rápido.
¡Mira!
¡Ya salieron los tallos y las hojas!

Una planta de frijol que crece tiene muchas partes.

Mira esta fotografía para ver una planta de frijol de cerca.

¡Mira!

¿Qué ves ahora?

¿Una semilla, una fruta o una vaina?

Tienes frijoles verdes para comer una gustosa ensalada.

¡Y con muchos nutrientes!

# Responder

**Formar palabras**

¿Qué otros alimentos son gustosos y te hacen bien? Copia la siguiente red de palabras. Añade más cosas gustosas.

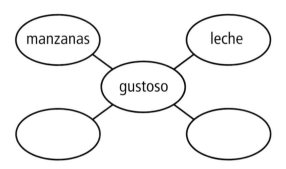

## ✎ ¡A escribir!

**El texto y tú** ¿Qué tipos de semillas te gustaría cultivar? Escribe algunas oraciones para decir cómo cuidarías de las semillas. Asegúrate de decir qué plantas brotarán de las semillas. Usa palabras de Formar palabras.

11

| | |
|---|---|
| brote | nutriente |
| grano | raíz |
| gustoso | suavizar |
| humedecer | vaina |

✔ **ESTRATEGIA CLAVE** **Verificar/Aclarar**

Busca maneras de entender lo que no tiene sentido.

**Acertijo** ¿Qué palabra del vocabulario incluye uno de los cinco sentidos?